늦봄 새 가지 끝에
다섯 장 하얀 꽃잎

늦봄 새 가지 끝에
다섯 장 하얀 꽃잎

여연 시집

우리詩움

········· Prologue

요즘 시인이 너무 많다
개나 소나 시인이다

이런 말 들을 때마다
발이 저린다

누군가 애써 지은 집
다 읽지도 못하고
서가에 쌓이는 것 보면
내가 지은 집도 그러할 텐데

오늘 또 집 짓겠다고
부스러기 하나하나 주워 모으는
내가 시인인가
나는 시인하는가

여연

차례

Prologue

제1부 고개 숙이며

눈부처	13
꽃무릇이 피었어요, 어머니	14
빈손	16
거리 혹은 사이	17
간극間隙	18
불 켜진 창	19
나무와 함께 외줄 타는 하루	20
겨울 단풍	22
공포는 쾌락이다	23
호명에 관하여	24
숨	25
잃어버린 시간	26
봄, 그윽하고 소란하게	28
태고太古	29
우렁이	30
누구십니까	31
숲	32

제2부 옷을 벗다

한라산 해당화	37
곡비哭婢	38
새 옷을 뜨고 싶다	39
기타 여러분	40
깍두기	41
꽃이 녹는다	43
대나무숲에 마디가 산다	45
묵음	47
복종의 땅	48
봄 탓	50
삶이란	51
슬거나 스러지거나	52
나무가 주는 방식	54
회귀	56
가벼워서 무거운	57
흰색의 몸부림	58
음주시詩	60

제3부 너, 나, 우리

이웃집 여자	63
순댓국	65
벽	67
타인의 강	68
숨, 그 숱한 들썩임	69
아래층 남자 위층 여자	70
겨울 강가에서	72
한 사람을 사랑하겠네	73
저승에서 온 편지	75
재건축 현장 보고서	77
ㅅㅜㅍ	78
울타리에도 봄은 오는가	79
초가	80
알의 세계	81
속수무책을 깨다	83
마삭줄	84

제4부 비움의 시간

가을 밤, 일련의 연애사건 목격담   89
갈잎의 꿈   90
사신死神의 마을   91
눈의 역설   92
말의 역설   93
물의 역설   94
눈 내리는 밤   95
돌이 사는 집   96
흰 새벽 풍경   97
눈 내린 새벽   98
고양이 유변학   99
허공   101
덕장   102
내소사 겨울 풍경   104
양이 침묵할 때   105
안경   107
Epilogue   109

제1부

고개 숙이며

눈부처

나는 네 눈 속에 완성될 예정이었다
너는 내 눈 속에 완성될 예정이었다
우리가 무엇도 못 되고 언저리에 맴도는 사이
네 눈에 가시가 돋고
내 눈에 가시가 돋아
나는 네 눈에서 가시가 되고
너는 내 눈에서 가시가 되었다

나는 네 입에 완성될 예정이었다
너는 내 입에 완성될 예정이었다
우리가 깊이 말하지 못하고 제 입에 머무는 사이
네 입에 가시가 돋고
내 입에 가시가 돋아
나는 네 입에서 가시가 되고
너는 내 입에서 가시가 되었다

몰랐다 우리는
서로 눈과 입 속에서
꽃이 될 수 있다는 걸

꽃무릇이 피었어요, 어머니

어머니,
꽃이 지천이래요
가까운 길상사에도
꽃무릇이 넘실댄대요

어제 저랑
꽃 보러 가자
약속하셨잖아요
꽃무릇 사진 보면서
참 곱다 고와
어떤 그리움이 저리도 붉어
혼자 꼿꼿하게 몸 세우고
가늘게 떨며 하느작거리나
서러움도 사무치면 곱다더라
그러니 우리 걸어온 세월도
저만큼 곱지 않겠냐 하시더니

어머니
꽃무릇 코스모스 국화 구절초들

들판 가득 물들이며 오라 오라 하는데
힘없이 늘어져 누우신 채로
고개만 가로젓지 마세요

자꾸만 가늘어지는 당신의 다리가
꽃무릇 닮아가네요, 어머니

빈손

아픈 엄마 손을
놓았다는 사람을 종종 본다
그런 사람 대부분
뭘 많이 들고 있다

나는 손을 탈탈 털고
빈손이 되어
엄마 손을 잡고
오래도록 놓지 않았다
하늘거리며 휘청거리며
쓰러질 것 같던 엄마가
다시 꼿꼿하게 선다

엄마가 언제까지
내 손을 잡아줄지 모르지만
엄마가 놓기 전엔
내가 먼저 놓지 않을 것이다

내가 빈손이어서 얼마나 다행인가

거리 혹은 사이

오늘 사랑은 비대면입니다
아무리 보고 싶어도
당분간은 잠자리까지
등 돌리고 장거리로 해야 합니다
호흡과 호흡 사이를
바람이 드나드는 틈이라고 한다면
우리는 무슨 사이입니까
마음과 마음은 이미 하나였거나 둘일 겁니다
어쩌면 몸의 거리가 벌어진 후로
마음도 따라갔는지 모릅니다
입으로는 수없이 되뇌었을 사랑
매초 그리웠던 감정은
담묵의 농도로 드문드문합니다
불면도 긴 거리에 섰습니다
그리하여 새벽이 열대야를 섬뜩하게 얼립니다
그대여,
오늘밤엔 비대면으로 손만 잡고
뜬눈으로 자겠습니다

간극間隙

농부가 말했다
자기가 지은 농산물 다른 이가 먹는다고

어부가 말했다
자기가 잡은 물고기 다른 이가 먹는다고

노동자가 말했다
자기가 만든 물건 다른 이가 쓴다고

어머니가 말했다
자기가 낳은 새끼 다른 이가 데려가 산다고

불 켜진 창

밤늦도록 잠들지 않은 집이
내 귀가를 기다리고 있다
지하철에서 지상으로 올라오자
내 냄새를 맡은 집이
멀리서 꼬리치며 컹컹 짓는다
세상 소음 내려놓은 어머니는 자불고*
내 집만 혼자 장승처럼
골목을 내려다보고 있다
재건축으로 사람은 떠밀려가고
무덤 같은 어둠 떠받치고 섰는
빈집 사이 불 켜진 창으로 가는 길
심장이 발보다 먼저 뛴다

* 졸다의 경상 방언

나무와 함께 외줄 타는 하루

땔감을 구하러 산에 갔다
산등성이에 오래도록
누워 있던 나무를 업고
산을 내려오는데
등이 간지럽다
큰 덩치답지 않게 가벼운 나무가
등을 긁는다
나무가 내민 긴 발이
땅에 줄을 그으니
내 발이 무겁다

집 마당에 들어서니
어머니가 서 있다
겨울나무처럼 바싹 말라서
종잇장처럼 가벼워진 몸으로
팔랑팔랑 날아가버릴 듯
쩍쩍 갈라진 피부 틈새로
휘이휘이 바람 소리 내면서
겨울 햇볕을 쬐고 있다

나무가 그은 긴 줄이
산과 집을 하나로 이어
석양빛에 흔들리고 있었다
자꾸만 허공이 되려는 어머닐 업고
나는 외줄을 탄다

겨울 단풍

왕복 2차선 도로에
씹다 버린 껌처럼
별刪이 눌어붙었다
찬란하지 않았어도
비굴하진 않았던 영혼이
한때 반짝였던 하늘을 버리고
조각조각 찢어져
미라로 끝나는 삶의 질곡이라니
길에서 엇갈린 순간
별은 영원으로 빛나고
시멘트와 원래부터 한몸인 듯
바람이 무심결에 그린 압화인 듯
납작 엎드린 굴욕의 최후
태양이 핥다 간 몸뚱어리
육즙이 실종된 껍데기
서서히 풍화되고 있다

공포는 쾌락이다

공포 앞에서 사람의 심장은
쪼그라들 거라는 너의 말
벼랑 끝에 서 보지 못했기 때문
어제 함께 웃던 꽃들이
뻥 뚫린 가슴으로 머리도 없이
줄지어 누운 거리를 걸어 보았는가
그곳에 서면 가슴이 빵빵해진다
매캐한 연기가 숨통을 막는
거리로 달려나온 꽃무리 가슴엔
저마다 커다란 풍선이 달려 있었다
태풍이 휩쓸고 지난 후
온몸이 찢긴 낙화들을 보면
두렵기보다는 차라리
몸이 날아오른다
그리하여 사람들은 오늘도
공포를 즐기려고
롤러코스터를 탄다

호명에 관하여

너를 꽃이라 부르겠다

부름은 너에게 나를 새기겠다는 것
또는 나에게 너를 새기겠다는 것

너를 아픔이라 부르겠다
혹은 이별이라 부르겠다

나와 네 이름 사이에는
경계가 없으므로
너를 무엇으로 부른들
네가 아니겠느냐

너를 사랑이라 부르겠다

그리하여 우리가 더
가까울 수 있다면

숨

들숨 날숨 사이
사람과 짐승
들썩인다

환란에 울던 가을
가파른 언덕
가슴 가득 바람 몰아도
가라앉지 않는 헐떡임
아직은 온전하다

하늘 바다 사이
바람 하나 싣고
숨, 홀연 날다

잃어버린 시간

프루스트를 읽다가
그가 베어 문 마들렌
치명적 향을 생각한다

시간은 말없이 떠나고
나는 대책 없이 보내고
숱한 계절, 꽃과 이별하며
하얗게 묻힌 기억

모니터와 나 사이 1미터
당신과 나 사이 1만킬로미터
마음과 마음은 0.001밀리미터

얼어붙은 거리를 지나
봄은 다시 태어나도
돌아오지 않는 상실의 계절

하얀 얼굴로 스치고
검은 얼굴로 지나고

본 듯 잊힌 듯
멀어져간 사람

봄, 그윽하고 소란하게

꽃잎,
가볍다
떨어지면 그뿐

바람,
머문 흔적이나 남을까
어디쯤에서 나는 정적이 될까

춘매,
피는 건 아주 잠깐
어디 한번 흔들려 볼까

가노라,
인사도 없이
이 봄 끝나기 전

태고太古

우리 만남이 시작된 곳
우리 사랑이 시작된 때

그곳이기도 그때이기도 한
처음으로 가자

너를 갖고 싶은 욕망은 산더미
나를 주고 싶은 마음은 불덩이

이 무겁고 뜨거운
고통을 벗고
나신裸身으로 서자

아무것 없었던 처음처럼

우렁이

사리 품은 나탑螺塔

질척한 연화세계
교화를 끝내고서야
편안해진 몸짓으로
울 어머니
둥둥,
떠내려간다

누구십니까

내 집을 지으신 이
내 집을 가꾸신 이
내 집을 채우신 이
드디어,
내 집을 비우시는 이

열쇠도 자물쇠도 없는
입구도 출구도 없는
속도 겉도 없는
뜻 모를,
상자 하나 남기신 이

숲

지하철 통로에 나무들이 빼곡하다
늙은 나무 젊은 나무 어린 나무
숨 쉴 틈 없는 여백
의자 수는 제한되어 있어서
비워지기 전에는 세대교체가 없다
앉은 나무들은 제 앞의 늙은 나무와
눈도 마주치지 않고
가지 사이를 지나가는
구름과 바람에 더 깊이 몰입한다
고목은 삭은 몸뚱이를 지탱하기 위해
밑동을 깎아 의자를 만들었는데
간혹 젊은 나무들도 의자에 앉아 쉬고 간다
햇볕은 키 큰 나무가 누리는 특혜
바람은 굵은 나무 사이를 헤집고 들어와
바닥에 엎드린 잡초를 후끈한 열기로 깨운다
잣나무에서 떨어진 씨앗들이
수백 년 땅속에서 기다리다 썩어간다
의자 수를 채우기 위해
하늘은 다시 땅을 소환해야 하리라

1175도의 화마가 지나간 후
의자도 기득권도 사라진 숲에서
새 풀이 자라기 시작한다
땅속 가장 아래쪽에 숨어 있던 씨앗과 뿌리만이
지독한 화염을 견뎌낸 이 시대
숲은 만원이고 나무는 여전히 비정규직이다

제2부

옷을 벗다

한라산 해당화
- 4·3에 부쳐

  목동이 바다에 내려와 사막을 심을 때 성산봉아 허리 굽혀 얼마나 울었더냐 해당화 눈동자엔 핏발도 선명한데 바다를 먹고 살던 할망은 모래에 눈물만 심으며 서서히 말라갔지 소라가 배배 뒤틀린 속을 빼낼 즈음 일만 사천 해당화 한라산 위로 올라 해질녘 백록담이 붉은 이유가 됐어 노을이 한라산 중턱에서 타오를 때 사람들은 소리를 지르며 연기 속으로 사라졌지 그들이 살던 집들도 따라갔다는 말을 바람이 전해 주었어 산속 깊이 들어간 해당화 몇 송이가 겨울에 얼었다는 풍문이 전설처럼 해변으로 내려왔어 모래에 남아 있던 꽃들이 소문을 듣고 할머니와 아버지와 아들 딸과 손자들에게 쉼표를 찍어 토굴로 내려 보냈지 어둠을 먹으며 숨죽인 시간들이 얼마나 흘렀을까 아픔이 사그라들지 않는 몸뚱어리 심장도 없이 겨울을 지나는 언 땅에서 새 몇 마리 아침 오길 기다려 겨우 햇빛 볼 수 있었지 해당화가 뿌린 눈물이 자라 바다는 오늘도 울음 참지 못해 철썩이지 분노의 뺨을 바위에 문지르면서

곡비哭婢

해 지고 어두운데
주검마다 업디어
슬픔도 눈물도 없는
울음을 던지는 까마귀
오래 울기만 한 것들은
눈물도 습관처럼 흐르는데
오늘은 아무리 울어도
곡소리는 노래인 것 같다
아픔도 쌓이면 무뎌지는지
까륵, 아흑,
웃는 듯 우는 듯
까마귀 날아간 지붕 뒤로
달이 숨는다

새 옷을 뜨고 싶다

남루한 하루를 넘는다
신의 말씀으로 경이롭던 고개를 내려와
즐기다가 죽는 짐승처럼
빛이 번뜩이는 사막에서 벗어나
상상으로나 만날 길 찾아
순례자처럼 걷는다
불모의 땅과 어두운 하늘 사이에서
하늘과 빵이 가벼워지기를 꿈꾸며
둥글둥글 흡족했던 구릉을 떠난다
나를 가득 채웠던
태양과 밤과 오색 불빛을 벗고
오직 한 줄 문장만이 젖줄이 되는
황량하고 거친 섬에 가고 싶다
바다를 일구어 인동초 향기를 심고
파도로 담장 세워 바람 막으며
가난한 꿈이었던 은밀한 정원을 가꾸고
내 모든 비밀의 누더기를 올올이 풀어
새 옷을 뜨고 싶다

기타 여러분

강물이 되지 못하고
사막이 된 그대
모래를 얼마만큼 퍼내면
멀고 먼 밑바닥 어디쯤에
시원한 물줄기 한 가닥 흐르고 있을까
거칠게 갈라진 그대 가슴 사이로
외롭게 떠도는 모래 바람
파고 또 파면 흐를 것 같은
절절 끓는 슬픔의 강
괜시리 사나운 척 떠들지만
공허한 바람에 휩쓸린
투박한 그대 목소리
메마른 겨울 바람처럼 소리쳐도
흥건한 여름장마 같은
기타 여러분

깍두기

우렁이가 제 살 먹여 새끼를 키웠듯
무는 제 살 깎아 깍두기를 반듯하게 낳았다
아득바득!
날 선 이 사이에서
단단하게 버티는 몸뚱어리들
환골탈태란 뼛속까지 바꾸는 것이지만
태생부터 강인한 가문의 뼈대는
시리도록 시어도 아삭거리며 존재감을 드러낸다
센 형님들이 깍두기를 흉내내는 건
힘과 의리의 전통을 지키겠다는 맹세일 터
물러터진 놈은 버려지거나 찌개 속에서
온갖 잡스러운 맛에 휘둘릴 것이다
무로 태어나서 깍두기로 익어갈 때까지
아무것도 한 일이 없다고 말하지 말자
언제 깍두기처럼 맛깔난 인생 살아 보았는가
생은 이리저리 주고받으며 어우러지는 것
무리에 섞이지 못한 덤
술래가 되지 못한 깍두기라도 끼워 주는 게 인심

고스톱 판에서 깍두기는 너나없다
뇌꼴스런 설렁탕에 깍두기가 없다면
도대체 무슨 재미 있으랴
깍두기처럼 깍듯하게 살아 보자

꽃이 녹는다

눈에 소금을 뿌렸더니
저희끼리 부둥켜안는다
저 딱딱한 소금이
타지도 썩지도 않는 돌이
차갑게 각 세운 꽃에게
무슨 짓을 한 것일까
빠드득거리며 발밑을 억세게 버티던
화닥닥 밀어내며 자빠뜨리던
햇살마저도 부딪쳤다 뛰쳐나오던
고얀 성질이 무슨 말을 들어서
흰 것들끼리 흰 것을 버리고
무색으로 줄줄 흐를까
소금을 찾아 봐야겠다
고개 빳빳이 들고
저 혼자 뾰족하게 날 세우며
만년설로 굳어 있는 나를
녹는 점으로 이끌어 줄 소금
눈이 쌓이고 얼어 몸집을 부풀리고

무거운 압력이 가슴을 누른다
흐르지 못하고 크레바스를 파며
역류하는 나의 빙하여
넓고 높은 바다로 가자
꽃으로 불리지 못하고 눈이 되어서
내 속에 꽃이 있는 것을 아무도
또 나조차도 몰랐으나
눈도 꽃이었다고
녹아 흐를 줄 아는 꽃이었다고
눈 녹여 제 속에 꼭꼭 숨기는
바다에게 말해 주자

대나무숲에 마디가 산다

대나무 숲에는 안으로
안으로 삭이는 소리가 있다
버럭버럭 지르지 못한 작은 소리가 모여
쉬, 쉬, 서로 입단속하며
은밀히 몸을 떨고 있다
뻣뻣한 몸은 숨기는 법 없어
빈속 가득 바람만 품고
뿌리에서 하늘 끝까지
바람으로 마디를 키운다
속도 없는 대나무가 강풍에 쓰러지지 않는 것은
마디마다 갈무리해 둔
슬픔과 고통이 단단하게 굳었기 때문
굳은 관절에서 부는 바람이
어머니 치마 밑에서 들썩거리고
외마디로 이어진 음률이 속삭이듯
아야, 아야,
어쩌다가 나는 어머니 외마디로 튀어나와
바람이 불 때마다 마디 속에서 꾹꾹

울음통을 누르며
외마디로 세상을 버틴다

묵음

닭띠를 달띠로 발음하면 얼마나 예쁠까만
닥띠가 되었다
ㄹ의 유연함을 버리고
허리를 꺾은 혀가 목구멍을 막으며
닥이라고 발음하는 순간 닥치다가 떠오른 건
숨이 목구멍을 통과하지 못했기 때문
그러나 닥친다는 것은 얼마나 아름다운가
나뭇가지에 움트는 새순
언 땅을 배집으며
얼굴을 내미는 연두
배시시 웃는 해도 시무룩한 달도 말이 없고
오늘은 바람마저 묵음으로 분다
색색으로 또는 무색으로 일어서는
저 수많은 말없음표들
소리 없이 세상을 바꾸는
풀, 꽃, 빛
침묵의 아우성

복종의 땅

어머니는 맹목에 갇혀 자신을 돌보지 않았고
칼바람에 모가지를 들이미는 광장의 꽃들도
제 몸을 아끼지 않았다
그러나 자기밖에 모르는 저 맹목적인 복종
꽃도 피지 않고 나비도 날지 않는
오로지 차가운 눈 속에 파묻히는
지팡이 하나에 온몸을 맡기는
그것이 부러진 허무인 줄도 모르는
분별 없는 어둠 속에서 길을 잃는
아름다운 것을 아름답게 보지 못하는 맹목
눈을 잃으면 귀가 발달한다는데
맹목의 길에는 소리도 들리지 않네
폭력이 어떻게 맹목이 되나
아픔을 모르는 이가 어떻게 사랑을 하나
하늘만 있고 땅이 없다면
땅만 있고 꽃이 없다면
우리는 무엇을 사랑할 수 있을까
내가 땅이고 네가 꽃인데

살아 있는 것들은 하나같이 아름다운데
죽음조차도 맹목 앞에 찬란하지 않은가

봄 탓

봄이 왔어요
고목에도 싹이 트러나 봐요
바람도 적당하고
달빛은 밝아요
꽃 한 송이 향기를 풍겨요
술 한잔 손에 드니
여기가 낙원이에요
내 것이 아닌 줄 알지만
오늘 밤 꽃을 꺾은 것은
순전히 바람과 달빛과
꽃의 매혹적인 향기 탓
그러니 내 죄는 아니에요
나는 아름다운 것들을 노래하는
가객이잖아요
만물이 불쑥불쑥
지퍼를 열고 음란을 내미는
미친 봄이에요 봄, 봄!

삶이란

  강아지 두 마리만 챙겨 병든 어머니 모시고 집 떠나 피접 생활 석 달만에 집에 왔더니 베란다에 무성했던 초록빛들이 제 줄기와 잎을 하나씩 잘라내며 근근히 숨을 이어가고 있었다 어머니는 집에 들어서자마자 제일 먼저 쓰러진 아이들에게 물부터 주고 바닥에 누운 잎을 일으켜 세웠다

  보세요, 어머니 삶이란 이리도 질기게 움켜쥐는 겁니다 사지를 잘라서라도 생을 이어가는 겁니다 그러니 춥다고 힘들다고 운동 거르지 마세요 입맛 없다고 속 아프다고 끼니 거르지 마세요 저 가녀린 생명들 물 없이 몇 달을 버티다가 힘없이 바닥에 드러누워서 누군가에게 애타게 팔 뻗어 도와달라고 말하는 것 같잖아요 삶은 이렇듯 간절한 것이라고 온몸으로 말하잖아요

슬거나 스러지거나

슬다가 쓸리어 슬이 굽은 적 있다
솥단지에 가난이 슬었고
수도꼭지에 눈물이 슬었다
철수세미로 닦고 또 닦아도
슬과 슬 사이에 슬어 놓은 슬의 역사가 시커멓다
누군가 물수제비뜨고 헤엄도 쳤던 가슴
유유히 흐르는데 돌연 날아와 박힌 큰 돌 하나가
아픔까지 슬어 놓았다
맹세가 슬어 사랑이 스러질 때 일어선 것은 이별이었다
시들어 죽어가는 꽃에게 슬다를 물으니
모든 것은 차차 희미해지며 스러지는 순을 밟는다고 했다
경칩에 슨 녹이나 벽에 슨 곰팡이는
약품 하나로 동백꽃잎 내리듯 스르르 사라지는데
'우리는 사랑할 예정이었다'는 통사가 슬어 놓은 분석 본능
가시처럼 목에 걸려 문장을 끝낼 수가 없다

허망하고도 대책 없는 허밍*이 문장부호로 찍혀
무릎을 꺾고 목을 눕힌다

* 입 다물고 코소리로 발성하는 창법, 큰 소리를 내기 어렵고 가사를 읊을 수 없으나 특수한 음색 효과를 얻을 수 있어 합창에서 많이 쓰인다.

나무가 주는 방식

나무는 땅에 붙박여 서서
하늘만 바라보는 것이 아니다
뿌리로 가만가만 걸으면서
땅에 떨군 것들 품어 안고 쓰다듬으며
푸른 하늘을 잎새에 담아
어린 열매에게 보여 주고
밤마다 별들의 이야기를 들려 준다
뿌리가 깊어야 사나운 태풍도 견딘다는 걸
온몸으로 보이면서
팔순의 어머니가 나무껍질 같은 손으로
날마다 식탁을 닦듯이
맑은 허공의 빛을 아래로
아래로 나무는 마냥 주고 있다
아버지의 무덤을 닮은 산이
실은 무궁의 산실이었다고
조곤조곤 말해 주면서 씨앗을
먼 데까지 날리는 것이다
그러니까 이곳까지 날아와

수십 해를 걸어 다닌 나는
나무의 씨앗이며 줄기이며 가지라고
온전히 나무의 몸이라고
미풍에게 속삭여 주는 것이다

회귀

각진 방 각진 침대
각진 책상 각진 일터
각진 사람 각진 겨울
각 위에서 각을 세우며
모태의 방을 그리워한다

세상이 둥글다는 것은 착시
둥근 봉분마저 허상이다

죽음이 두려운 이유는
알몸으로도 따뜻했던
우주의 자궁으로 돌아갈
확신이 없기 때문

어쩌면 내세의 우주도
각진 세상일지 몰라

가벼워서 무거운

점심을 먹고 나서
텔레비전 원격 조정기를 손에 쥔 채
숨소리 없이
앉아 조는 어머니
꿈에 그리던 님이라도 만났는지
풀썩,
옆으로 꺾이는 꽃송이
내 어깨로 받치는데
너무 가벼워 무거운 꽃잎
바람 들지 못하게
얇은 담요 한 장 덮어 놓고
한참 동안 얼굴을 들여다보는데,
나풀거리지도 않는다
한평생 무겁게 사시느라 고단하셨나
이제 힘 다 빠져
가난한 내 어깨에 핀 어머니
꽃 자국 아프다

흰색의 몸부림

눈물 가득 머금고
눈이 눈을 쳐다본다
허옇게 몸 드러내 놓고
빠드득빠드득 언 몸을 갈면서
바다로 풍덩 뛰어든다
흰곰을 바다로 내동댕이치면서
으르렁거리며 운다
흰색이 녹는 속도만큼
흰색의 눈물이 어는 속도도 빨라
북극곰은 허기를 핥으며 출산을 한다
제 몸을 새끼에게 내어 준 어미
새끼로 배를 채운 수컷
흰색이 선혈로 물들어
극과 극 사이에는 하얀 해안선 대신
붉은 지평선이 쑥쑥 자라나고
낮과 밤은 너무도 멀리서 서로 등 돌린 채
하루는 얼리고 하루는 녹이면서
유빙을 바다에 빠뜨리고 있다

흰색은 그렇게 몸부림치면서
북극에 얼룩을 키우고 있다

음주시詩

술 한 잔 못 마시는 내가
한잔 마셔 보니
부끄러움을 알겠다
얼굴이 화끈거리고 가슴이 뛰는 건
양심이 아직 녹슬지 않았다는 얘기
하늘이 빙빙 돌고 땅이 올라오니
세상 무서운 줄도 알겠다
죄짓지 않고 사는 법
한잔 술에 있다는 것
두 잔 너머에는 없다는 것
술을 마셔 보니 알겠다
그래서 옛부터 시인들이
한잔 술에 노래를 곁들이나 보다
창틀 위에 벌러덩 누워
보이지도 않는 하늘에서
보이지도 않는 별을 세며
이밤 술대신 시 한 수 놓고 취한다

제3부

너, 나, 우리

이웃집 여자

환갑을 훌쩍 넘긴 여자가
내게 밥을 사겠다고 해서 시집 한 권 들고 나갔다
일 년에 두어 번 만날까 말까 한 여자가
맑은 대구탕을 앞에 놓고 한껏 들뜬 목소리로
뜬금없이 내게 고백을 하는데
혼자 살아온 세월 수십 년
돈도 웬만큼 모았고
자식도 모두 자라 혼인을 하였으니
이제 자신을 위해 살아 보고 싶다는 것
자식만 보고 살아온 세월이 서럽다고
딸에게 하소연했다가
그것은 엄마 선택이었다는
한마디에 무너진 여자
동창 남자 중에 혼자 사는 사람을 골라
뚫린 가슴을 채워 보겠단다
어수룩한 나를 자기 집으로 데려가서
첫날밤에 입을 옷을 선보이는데
아아, 평생 돈만 버느라
백수 남편은 다른 여자에게 내주고

청춘은 자식들 유학비에 내주고
옷장 속엔 남루한 여자가 위태하게 걸려 있다
책만 들여다보며 살았던 나도
그 여자의 옷장 속에 걸려 있다

순댓국

뒤죽박죽이 정렬되는 때가 있다
비빔밥이든, 부대찌개든, 짬뽕이든
잘 섞여 긴 터널로 들어가는 때
각각의 색과 맛이 저를 버리고 삭아
김이 모락모락 오르는
뜨거운 맛으로 태어난다
적당히 익은 피맛은 구수하다
겨울 한철 광장에서 뒹군 날
뜨끈한 국물에 숭덩숭덩 썰어 넣은
섞임의 맛을 한 숟갈 퍼먹으면 눈물이 나고
울대가 꿀럭꿀럭한다
때리는 사람도 맞는 사람도
마주서서 소리치던 사람도
맞은편 의자에 앉아
후후, 불면서 함께 눈물 흘려 보자
머리야 뭐라 하든
빈 순대를 채우는 거룩한 시간
순댓국 먹을 때는

반대파도 그 반대파도
순대 한 접시 추가해서
너 한 입 나 한 입 함께 섞여 보자
어차피 빠져나갈 길은 하나뿐
한 줄로 나란히 서 볼 일이다
뜨거운 순댓국 내 핏줄 속에 흐르면
가슴도 뜨거워진다

벽

벽에도 표정이 있다는 걸
벽을 헐어 보니 알겠다
벽 속에서는 사람들의
내밀한 삶의 조각들이
오밀조밀 부둥켜안고 있다
길 걷다가 벽에 부딪혔을 때
벽에 기대고 앉아 잠시 쉬면
쓰러지지 않게 등을 받쳐 주는
단단한 힘이 느껴진다
허공에 혼자 떠 있다고 느껴질 때
벽 잡고 서서 뒤돌아볼 일이다
누가 내게 어깨를 한없이 내어 준 적 있던가
담쟁이에게 벽은
넘어야 할 장애물이 아니라
잡고 기대고 머무는 삶의 공간
벽 다 허물고 나서야
내게도 편안한 벽 하나 간절하다고
다시 벽 쌓을 궁리를 한다

타인의 강

너와 내가 다정하게 어깨 대고 앉아
지하철은 겨울 도시를 달리고
네 엉덩이와 내 엉덩이가 부딪는다
네 오른팔과 내 왼팔 사이로 길이 뚫리고
네 체온이 내게로 흐르는데
네 마음을 읽을 수가 없다
햇볕 없는 통로를 미끄러지며
키를 키우는 어린아이와
철 잊은 여인들의 수다가 성가신 듯
일그러지는 너의 미간을 나는
주눅 들어 움츠린 채로 읽는다
한 번도 웃지 않는 입
화면에 고정된 눈
내게 돌리지 않는 동안
너와 나 사이에 강이 흐른다
우린 나란히 앉아 같은 곳을 바라보는데
이렇게 가까운 타인들 사이
강물이 언다

숨, 그 숱한 들썩임

씨줄 날줄
겯고 겯은 간절함
'첫'과 '끝'의 치명적 동거

어느 틈 온전하다

비릿한 바람과
암막속 사투
잔잔한 헐떡임

어느 결 촘촘하다

오는 길 가는 길
들고 나는 리듬은 기적
그예 가쁜 솟구침

어느새 안녕하다

아래층 남자 위층 여자

편지함을 사이에 두고
아래층 남자와 위층 여자는
편지를 쓰지 않았다

아래층 남자는
가득 찬 우체통을 열지도 않고
먼 나라에 가서 돌아오지 않았다

위층 여자는
턱 밑도 못 보면서
먼 나라 얘기만 했다

구두장이는 신발보다
더 높이 보지 말아야 한다고
앎을 초월하는 것은 어려운 행위라고
그러나 그래야 한다고

본 적도 만난 적도 없는

남자와 여자가 한집에 살면서
서로 배경이 될 뿐

안다는 것은 무엇인지
한 번도 얘기하지 않았다

겨울 강가에서

  강물을 먹고 자란 들녘은 풍요를 벗고 두꺼운 적막 아래 잠들었다 제 모서리를 갈며 둥근 세상을 배우던 몽돌도 구르기를 멈추고 강가에 섰다 어디선가 얼음장 부수는 어부의 도끼 소리 영원할 것 같은 적막을 깨뜨린다 진흙밭 같은 세상 얽히고설키다가 싱싱하게 살아 팔딱거리는 강가에 이르면 번개처럼 날카롭고 뾰족한 모서리 하나 세월의 바퀴 아래 끼우고 오래도록 머물고 싶었다 강은 사업이 아니라 생을 기르는 대지의 젖줄인 줄 몰랐을까 굴착기 지나간 자리 상처 가득한 지느러미로 살얼음 아래 숨구멍 찾아 모여든 물고기 시궁창에 멈춰선 강물에 죽비를 친다 숨소리마저 멎은 듯 고요가 신음하는 지금은 겨울 강 물살의 침묵을 깨야 할 때 얼음도 퍼렇게 멍든 강에 모서리를 던져 깨어 있는 정신으로 강물을 흐르게 해야 할 때

한 사람을 사랑하겠네

사랑 까짓것 우습다 외면했는데
황량한 가슴에 풀 한 포기
홀연 꽃을 피우네
황산벌 충혼 불사르던 장수는
조국을 위해 가족과 제 목숨을
초개草芥처럼 베어 버렸다지

어찌 그리 냉정할까 원망했지만
어디 쉬운 일이었을까
오늘 단신으로 전장에 뛰어든 사람
차마 베지 못한 처자妻子가 가슴을 친다

털어도 털어도 먼지 한 톨 일지 않는
알몸 자체 빛나는 사람이라면
부정하고 또 부정했던 사람이라도
나 사랑하고야 말겠네
옷장 깊숙이 감춰 놓고
매일 조금씩 열어 보겠네

거짓없이 맑은 눈동자와
푸르게 도도한 콧날과
야무지고 빈틈없는 입술과
흔들리지 않는 웅대한 가슴이면
기어이 사랑하고야 말겠네

저승에서 온 편지

갈변된 가을, 몸이 차다
바람은 먼지 낀 문틈을 헹궈내고 있었다
사인死因이 밝혀지지 않은 며칠이 악몽처럼 지나고
망자亡者는 힘들었다, 그저 죄송하다는 편지를 보내왔다
화단과 마주한 남자의 낮은 창문에서
한 번도 연 적 없는 녹내가 난다
문만 열면 꽃이 지천인데
잠긴 문 안에서는 땅보다 낮게 엎디어 살던
오래 묵은 시간이 거미줄을 목에 감고
허름하게 삭아가고 있었다
이주센터에서 걸어온 명도 소송장도
우체통에 배달된 엘에이치 임대주택안내서도
남자의 마지막 숨을 지켜보았을 뿐
가족도 친지도 찾는 이도 없이
끝내 혼자였던 사람
남자는 왜 죄송해야 했는지
어깨 한번 토닥여 주지 못하고

제대로 이웃이었던 적 없는
가을, 눈이 붉다

재건축 현장 보고서

까마귀가 울부짖던 날
사람은 모두 떠나고 문은 모두 굳게 잠겼다
접근금지 테이프가 동네 대문들을 가새지르며
우리집 아래층 부근까지 왔을 때
어머니는 자꾸만 냄새가 난다고 하셨다
참다못해 정화조 회사에 전화를 하고
기다리다 못해 구연산을 뿌렸다
그래도 냄새는 싱크대와 화장실 배수구 주변을 맴돌다가
어머니 식탁으로 스멀스멀 기어오르고
냄새 못 맡는 내 코에도 똬리를 틀었다
넉 달 치 수도요금을 밀린 지하 단칸방 남자 대신
요금을 내주고 문을 두드렸는데
잠긴 문 안에서 남자가 사라졌다
남자가 남기고 간 냄새가 세력을 넓힐 즈음
경찰과 119구조대가 와서야 문이 열렸고
장례차가 남자의 냄새를 꽁꽁 묶어 싣고 갔다
이웃집 여자가 코 막힌 소리로 눈 비비며 말했다
그 남자 갈 곳이 없었을 거라고

ㅅㅜㅍ

말이 무성하게 부딪는 숲
잎의 울림이 빼곡하다

바람 불면 온몸으로
동요하는 나뭇가지들

넓은 잎 큰 나무는 조용히
그늘을 만들고 서 있다

얼굴 붉히며
스스로 벗어던지며
맨몸으로 침묵으로
나무가 들려 주는

ㅅㅜㅍ 밀다경

울타리에도 봄은 오는가

세상이 변하는 것이 싫은 당신
세상이 좀 변하면 좋겠는 나
우리는 만나면 무수히 다툽니다
변하지 말아야 할 것은 봄 같은 마음
변하면 좋겠는 것은 썩은 물인데
당신이 원하는 것은 평화
내가 원하는 것도 평화
우리가 서 있는 어디쯤 접점이 있어
우리는 미움 없이 가까워질 수 있을까요
우리는 같은 것을 바라고 바라지만
당신은 울타리가 부서질까 두렵고
나는 울타리가 옥죌까 두렵습니다

초가

새벽녘
어머니가 기침을 한다
보청기가 제대로 작동하는지
실험하는 시간
시골 마을 이장이 마이크를 실험할 때는
긴박하게 전달할 사항이 있다는 것
어머니가 마이크를 실험할 때는
당신의 목소리를 듣고 싶다는 것
아, 아, 실험 중
흙벽이 부스럭거리며
새벽 공기가 부서지고
어슴푸레 밝아오던
미명이 부서지고
방금 이불 속에 들어간
내 시도 쩍쩍 금이 간다
풍화된 초가 한 채
매일 조금씩
무너지고 있다

알의 세계

온라인 날다가 우연히 보았다
나무 우체통 안에 지은 다급한 산실
작은 숨들이 얇은 막 안에서
속을 익히는

알은 하나의 성
달콤한 꿈의 세계
껍질은 세상과 나 사이
황홀한 단절
내가 온전히 나라는 증명
내가 너와 별개로 존재하며
따로 또 같이 한 세계라는 의미

그러나, 보라
심장이 생기기도 전
껍질 밖을 서성이는 어둠 속
저 무방비의 날 것,

투명한 껍질 속에서

한 우주가,
숨을 고르는

속수무책을 깨다

수려하게 들판을 달리던 물이
강어귀에서 멈췄습니다
물의 넉넉함은 이제 전설입니다
으뜸으로 이롭다 높이 세웠지만
낮추고 낮추어 썩은 몸입니다
웅숭깊던 물의 냅뜰힘은
상생의 길을 잃었습니다
대지의 기침이 잦아지고
꽃과 열매의 허리가 굽어갑니다
나무의 피부가 갈라질 때마다
불꽃이 산으로 휘달립니다
무소는 물소가 아니라 코뿔소라는 것을
늦게 알았습니다
물이 물다움을 찾을 수 있도록
모든 숨탄것이 메마르지 않고 너나들이하도록
길을 터야 합니다
곧 비가 울겠습니다 그리하여
우리가 만날 계절입니다

마삭줄

늘푸른 넓은잎나무,
상록수 숲에서 큰 나무에 업혀 산다
때로는 무거운 바위 덮고
사태에 들떠 가벼운 땅 덮는다
바닥에서든 비탈에서든 악착같이 뻗어
푸른 생의 몸부림 무성하다

출세하고 큰일 하려면
든든한 줄 하나 있어야 한다고
삼밧줄에 목숨 건 사람들
사는 게 때로는 무거워도
묶어 들면 가벼웠다

밑바닥에서는 웬만해서 웃는 얼굴 볼 수 없다
높이 오르면 햇살 한 줌 얻어 피는
늦봄 새 가지 끝에 다섯 장 하얀 꽃잎
모가지를 뒤로 젖히면 아기 선풍기 날개
미세한 풍진 다 날아간다

몸 빌려준 나무 목 조르는 것은 등나무 방식
치열한 경쟁에서도 도리 지키는 것은 마삭줄 방식
홀로 설 수 없어 다른 몸 끌어안지만
세게 조이지도, 밟고 넘어서지도 않는다
햇볕은 골고루 나눠야 한다고 했다

제4부

비움의 시간

가을 밤, 일련의 연애사건 목격담

  달이 호수 위를 걸을 때 부스럭거리며 부서지는 물결을 보았다 조각난 물결이 갈변을 앓는 풀섶 아래 후미진 흙으로 밀려왔다 자락자락 발끝으로 모래 밟는 소리가 들렸다

  은반에 별이 누워 있었다 달이 잠시 머뭇거리다가 이내 별을 덮었다 나무 위에서 떡갈잎이 입술을 잘끈거리며 귀밑까지 빨개진 얼굴로 눈을 감고 돌아서다가 가지에서 미끄러졌다 어떤 잎은 놀라 노랗게 질린 얼굴을 치마로 가렸다 밤 벌레가 찌악찌악 소리쳤다 온 숲이 얼굴을 붉혔다

  어쩌나, 밤은 저리도 밟고 밟히며 뜨겁게 사위어가는데, 흔들리고 눕고 일어서면서 있기도 없기도 하는 몸들이 시방 마지막 혼을 뿜어내고 있다

  형체도 없이 새벽은 오겠다

갈잎의 꿈

늦저녁

나무가 잡고 있던 손을 놓았다
한참 내리고 있다고 여겼더니
어느새 구름

푸른 여름은 꿈이었는지
심장을 나무에 걸어놓고 떠난 것이
시간이 오래 지나 생각났다

손 뻗으면 닿을 것 같은 저기
몸이 동그랗게 말려 갈 수 없는데
멀리 있는 심장이 아프다

몸 뒤집어 본다
눈물 없어 슬픈 영화

별이 몸 깊숙이 들어와 앉는다

사신死神의 마을

은한銀漢이 흐르는데 저 혼자 소스라치는 까마귀
꽃이 피려는데 살 속으로 기어드는 소소리
시커먼 흙을 헤집어 수북이 쌓아 놓은 진창길
그림자 없이 걸어가는 거뭇한 꽃 한 송이

왔던 곳을 되짚어보지만 보이지 않고
돌아가야 한다며 앞으로만 가는데
길은 끝 간 데 없고 정착지는 알 수 없다

잿빛 건물이 있으나 불빛은 없고
어두운 길 있으나 밝은 사람 없으니
내 갈 곳 어디인지 물을 곳 없다

여기는 어디이고 저기는 어디이며
내 본시 있던 곳은 어디인가

눈의 역설

물 위에 떠 있는 백조를 보고
당신은 아름답다고 말합니다
고요가 얼마나 치열한 것인지는
말하지 않습니다
눈밖에 믿을 것이 없어
보이는 것이 종교가 될 때
차라리 그것은 재앙입니다
보이지 않는 것에 대해
말할 수 없는 당신은
앵무새가 됩니다
눈이 눈답지 못하고
귀와 혀에 묻어 살기 때문입니다
오늘 당신이 본 것은
어쩌면 어젯밤 꿈일지도 모릅니다

말의 역설

사랑한다는 말은
내 마음이 오롯이
당신에게 가 있다는 말
보이지 않는 마음을
당신에게 보여주겠다는 허세
사랑한다는 말이 습관 되기 전에
지루한 일상에 젖은
말을 가둬야 한다

말이 드리운 그늘에서 떠드는 고양이
말이 쳐둔 울타리 안에서 되새김질하는 소
허언과 허세 사이로 번지는 밤
말을 머리에 이는 대신
말을 입속에 가둔다
말하지 않고 나는
말을 타는 대신 말을 눕힌다
날뛰는 말보다 침묵에 갇힌 말이
더 빛날 것을 믿는다

물의 역설

더러운 발도 들이밀면 기꺼이
제 몸 안에 받아 주고 씻어 주는 물
속살 다 내비치며
몸 낮춰 아래로 굽어 흐르기도 하지만
물이 유순하다는 말은 오해
잔잔한 물결 속에
얼마나 큰 분노를 숨기고 있는지
물이 일어서기 전엔
깊이를 알 수 없다
철썩이거나 솟구치거나
제 살점 산산이 뜯어
흩뿌리며 포효하는 물은
차라리 솔직하다
말없는 수면이 더 두려운 것은
속을 보이지 않기 때문
순한 듯 거칠게
가벼운 듯 무겁게
생명과 죽음의 두 얼굴로
언제든 물은 반역을 꿈꾼다

눈 내리는 밤

순결이 빛나는 밤
한 발짝 내 죄를 찍네

눈은 살며시 지우고
나는 또 고백을 하네

죄를 내려놓을 때마다
하늘은 또 지워 주시네

밤새 눈 맞으며 씻었으니
내일은 진창 죄 좀 짓겠네

돌이 사는 집

당신이 떠난 뒤
고양이를 키웠다

고양이가 할퀴고 떠난 뒤
난을 키웠다

난 잎에 손을 베이고 나서
돌을 키웠다

그날부터 내 집에는
산수경정山水景情이 가득찼고
아무도 흔들리지 않았다

흰 새벽 풍경

  바람 울어 휘청대는 몸 가누려는 듯 전봇대는 이층집 지붕 위로 뻗은 줄 잡고 서 있다 국밥집 아낙이 문 앞에 걸어 놓은 솥에서는 뿌옇게 김이 솟는다 가로등 끝에 걸린 등이 졸린 눈을 껌벅이며 하품하고 인력 시장으로 가는 검은 장화가 그림자를 늘어뜨리며 저벅저벅 걸어올 때 선잠에서 깨어난 길고양이 길게 기지개를 켜다가 화다닥 놀라 뛰어간다 역 앞 빈터에 희끔한 눈발이 오들거리는 단풍나무 잎으로 내려앉는다 지나간 사람 흔적 없는 눈 위로 발자국 하나 둘 모여들면 누군가 드럼통에 불 지핀다 승합차 다가와 남자 몇 싣고 떠난 자리 노인 홀로 앉아 있고 어디에서 서럽게 우짖는 자동차 바퀴 소리 눈길 위로 구른다

눈 내린 새벽

눈 내린 새벽 호숫가를 걷는다
해가 뜨지 않은 곳에서
눈빛만이 세상을 밝힌다

발바닥을 붙들고 늘어지며 넘어뜨리려는 힘과
발바닥에 붙어 따라붙으려는 힘이 겨루는 듯
바드득거리는 눈의 아우성이 뜨겁다

제 몸 녹여 발자국 만드는
눈의 희생이 찬란하다
호수로 뛰어드는 눈발
호수를 덮겠다는 간절한 열망

빙판 위에서 하얗게 이루어지다

고양이 유변학

얼음처럼 차가운 뼈
파도처럼 흐물대며 적셔온다

해안으로 밀려올 때마다 핥아대는 물 혀
까칠한 촉감에 소름 돋는 것도 찰나
돌멩이도 만질만질해진다

밀착 순간 파르르 떠는 물보라
가슴에 안으면 스르르
스며든다

고체가 액체로 이동하는
절대 온도 마이너스 이백칠십삼도
부피가 영이 되는 가슴이 바닥이다
팽창하지 않는 빙점 끝
철썩이지 않겠다고
독하게 다잡은 얼음 각이 깨지고
끝도 없는 물이 눈에서 솟는다

물이 된다는 것은 형체를 떠나는 일
눈물이 낙하하지 않고 뺨을 타고 흐르는 건
조밀하게 맞닿은 물이
점성과 유동성 어느 하나도 버리지 못했기 때문
강물이 바닥을 떠나지도 흐름을 멈추지도 못했듯이

뼈가 단단하다는 속설을 믿지 말자
물 뼈는 좁은 문틈을 넘어와
말캉하게 우뚝 선다

물과 오늘 밤 동침하고 싶다
두 몸 조용히 포개고 지층을 밀어내며
밤새 출렁이다가 촘촘하게 바스라지겠다

허공

내 안에 깊이 갇혀
새벽빛이 찾아들 것 같지 않은 밤
병원 문 앞에 구급차가 들어오고
무엇이 그리도 바쁜지
서둘러 영안실로 들어가는 사람
말간 우윳빛 피부를 보았다

태어날 때 배내옷을 입었던
그가 수의를 꺼내 입었다
하나의 꽃에서 다른 꽃으로 달려갈 뿐
어디로 가는지 모르는 채
꽃잎이 하나씩 떨어진다
허무로 꽉 찬 영안실은 허공이다

빈 것 투성이인 허공은 얼마나 매혹적인가
그의 무심함이 나를 끌어당겼듯이
나도 그만 허공이고 싶을 때
근조 리본을 매단 달이 눈썹에 배달됐다

덕장

모처럼 해 뜬 날
며칠 씻지 못한 흐린 날을
세탁기에서 꺼내 빨랫줄에 넌다
관절 속으로 파고드는 시린 겨울
몸들은 저항 한 번 못하고 있다
눈보라와 바람을 견뎌도
1월의 햇살은 한낮에도 영하인데
죽어 다시 태어나기 위해
풍장을 치르는 거룩한 통과의례
꽁꽁 얼어 미라가 되어가는 빨래는
매일 밤 죽던
아버지를 닮았다
코에 끼운 줄은 아버지 생명 연장선
의식 없는 아버지가 줄을 잡아 빼거나
초점 없는 눈을 깜박거리는 건
자유롭고 싶다는 모르스 부호
속을 다 빼놓고 덕에 코 걸어
황태처럼 꾸덕꾸덕 말라가던 아버지

뻣뻣하게 굳은 몸을 빨랫줄에서 걷어
돌침대에 눕히고 녹기를 기다린다

내소사 겨울 풍경

내소사 처마끝엔 물고기가 유영하고
아침이 되어도 전나무 숲길은
옥양목 이불 속에서 맘껏 게으릅니다
햇살이 봉래루 기왓장을 두드리면
요사체 설선당 창문은 해맑게 어지럽습니다
대웅보전 빛바랜 꽃살무늬가
방석 위에 넙죽 엎드리면
밤새 불당을 지키던 눈사람의 다비가 시작되는 시간
왕생극락을 비는 축원이 무량하게
법당 제공 뒤 꽃무늬 단청을 스칩니다
비천상이 동종을 안고 절마당을 날면
천년 세월 굽어보던 당산 할아버지
일주문 밖 할머니에게 손짓하고
꽃살문 앞에 앉은 쪽마루에
겨울이 사르르 녹아내립니다
내소사 겨울은 하늘도 산도
하얗게 비우고 또 비웁니다

양이 침묵할 때

양이 온순하다는 말은
오래 잘 참아서 생긴 오해
양처럼 고약한 피가 없다
얼마나 뜨거우면 한겨울 눈 덮인 언덕에서
서로 멀찍이 떨어져 바람을 껴안고 사는가
갔던 길로만 돌아오는 고집불통
다른 여자를 탐하지 않는 도덕성은
천성이 약한 자들이 무기처럼 탑재한 습성
고지식한 정직성으로 무장한 풍성한 구름만 보고
순하다고 얕보면 큰일 난다
단단한 뿔을 함부로 휘두르지 않고
수줍게 안으로 말고 있지만
당신의 오만과 횡포가 하늘을 날 때
뒤통수를 조심하라
계곡을 울리는 박치기 소리 우렁차게
대가리 처박으며 맹렬히 돌진할 때는
육식성보다 강인하고 끈질긴 게 초식성이다
입술을 앙다물고 미소 짓는 듯하지만

당신 향한 두 눈은
온몸을 꿰뚫고 지나간다
양이 침묵할 때는 늘 당신을 들여다보는
되새김질이 있다

안경

표지판이 흐릿하여 잘 읽히지 않을 때
길도우미를 켜고도 길 잃은 적 있다

세월이 앞에서 오는지 뒤에서 오는지 몰라도
시력이 뒤로 가는 것은 확실한데
아무리 눈을 비벼도 희뿌연 세상

읽히지 않는 문장을 책장에 꽂아두고
읽을 수 없는 세상에 안경을 들이댄다
사는 데에 표지판이 있을까만,
안경을 쓴 만큼 선명해졌으면

화난 듯 찬 바람 일으키며
방금 내 곁을 스치고 간 사람
누구인가

겹치던 글자 사이
돋보기 하나로 해결하는데

우린 무슨 사이였을까

경계가 모호한 너와 나
도수 맞는 안경 하나 있었으면

Epilogue

   2020년과 2021년에는 어머니 모시고 피접 생활을 하느라고 아무것도 할 수 없었다. 하던 일도 시 쓰는 일도 그만 두고 어머니 건강 찾는 데에만 온 정신을 모았다. 이 시집에 실린 시 절반은 어머니를 향한 내 사랑이다. 소재가 다른 시들 속에도 그 바탕엔 어머니가 있다.

   빈 몸으로 시작한 시골 생활에서 공기와 햇볕만이 영양소였다. 민박용으로 지은 집 방 한 칸 얻어 살림 도구를 하나씩 장만하며 살았다. 서울집을 오가며 실어나른 것도 있지만, 시골 장날 싼 물건을 사는 게 나을 때도 있었다. 먹을 것을 거부하는 어머니 건강 때문에 통장 잔고를 털어 사들인 고기며 탕이며 생선들은 아무 도움이 못 됐다. 어머니가 안 드시면 다른 음식을 즉시 만들어 대령했다. 또 안 드시면 또 다른 음식을 만드느라 24시간 중 잠은 두세 시간 앉아서 조는 것이 고작이고 거의 싱크대 앞에 서서 살았다. 어머니가 토하고 나면 다른 음식을 준비하고, 설거지하고, 다시 음식을 준비하는 것이 일과였다. 속을 편안하게 하고 기침을 줄이기 위해 생강과 계피를 매일 끓이고 변비를 해소하기 위해 매일 콩을 삶아 두유를 만들었다. 씹을 힘이 없다고 하셔서 깨죽과 잣죽, 야채죽, 전복죽, 콩죽, 북어죽, 조개죽, 홍합죽, 소고기죽을 번갈아 수시로 만들었다. 이마저도 두세 술 뜨시다 말기 때문에 밤을 구해서 밤탕을 만들었고, 고구마를 화덕에 구워 드렸다. 밤과 고구마가 어머니를 살렸다고 나는 생각한다. 20년 가을부터 21년 봄까지 먹은 고구마가 10킬로그램짜리 50상자였다. 결국 21년에는 빌린 밭에 고구마를 심어 30상자를 수확하였고, 그것이 현재까지 어머니 식량 역할을 톡톡히 하고 있다.

  그 집은 화목보일러가 유일한 난방기구여서 겨울이면 나무를 사야 한다. 그러나 나무 값이 비싸기 때문에 사지 못하는 때도 있었다. 3톤 트럭 하나 정도가 30만원인데 한 달을 못 땐다. 땔감이 부족하여 산에서 죽은 나무들을 주워다가 화목 보일러에 넣었다. 덩치 큰 나무를 끌고 산을 내려올 때에는 몇 발짝도 걷기 힘들어 수십 번 쉬었다. 도끼도 톱도 없어서 커다란 나무를 통째 넣고 땠다. 무거운 나무를 온 힘을 다해 보일러 안에 밀어 넣고 화구 문이 닫히지 않아 보일러 안쪽에서 나무가 타기를 기다렸다가 다시 밀어 넣기를 반복하였다. 불이 화구 바깥쪽으로 오면 위험하기 때문에 그대로 자리를 비울 수는 없는 일이었다. 강추위가 등을 때렸지만 열린 화구에서 나오는 열기로 언 몸을 녹이며 견뎠다. 밤새 불을 때도 뜨거운 물을 쓰기가 어려웠다. 무엇이 잘못돼서 그런지 모르겠지만, 나무를 땐 만큼 집이 더워지지 않았다. 한시도 몸과 마음이 편안한 적이 없었다. 다리가 퉁퉁 부어서 신발이 들어가지 않을 정도가 되어도 아픈 줄을 몰랐다. 어쩌다가 누워 잘 때는 허리가 펴지질 않아 그냥 벽에 기대앉아서 조는 것이 더 편하게 생각될 때도 있었다.

 잠시도 내 몸을 돌보거나 내 생활을 즐길 여유는 없었다. 그런 중에도 어머니 먹을거리를 장만하기 위해 면소재지에 있는 마트로 장 보러 가는 길에 호숫가를 지날 때면 차창을 열었다. 한겨울 눈보라를 뚫고 들어오는 바람이 가슴속까지 상쾌하게 씻어 주었다. 옥순봉과 청풍호수가 시심을 툭툭 건드려 주었다. 거실 창이나 데크(deck)에서 보는 금수산 자연만이 유일한 낙이었다. 어머니 운동 시키면서 함께 마당을 빙빙 도는 것도 낙이라면 낙이다. 눈 덮인 겨울 산과 바람은 잔혹했지만, 어머니와 나를 더욱 단단하게 만들었다.

한 달에 한 번 검사를 받으러 서울에 있는 병원에 가야 했다. 어느 날 의사가 말했다. "제천에서 오는 거예요? 그러지 않으셔도 되는데…." 그러나 나는 그래야만 할 것 같았다. 제천에 있는 병원들을 믿을 수 없었다. 어머니가 폐결핵 판정을 받기까지 서울에서도 수많은 병원을 다녔지만 아무도 알아내지 못했다. 6개월여 이 병원 저 병원 헤매는 동안 병만 깊어졌다. 독한 감기약만 처방받아 소화기까지 모두 상했다. 치료를 잘못해서 다른 장기에까지 옮으면 어쩌나 싶어서 어머니 병명을 알아낸 목동 이대병원에만 다녔다. 멀미하시는 어머니와 강아지를 싣고 서울과 제천을 오갔다. 병원 예약일 이틀 전에 서울집에 도착해서 하루 이틀 쉰 후에 검사받고 다시 며칠 쉬었다가 제천으로 갔다.

휘청거리며 앉아있기도 힘들어하셨던 어머니가 일어나 조금이라도 걷고 스스로 운동하러 밖으로 나가실 때는 이제 살았다는 안도감이 나를 흥분케 했다.

평소 워낙 부지런하셨던 어머니는 병세가 호전되자 어느 날 마당에서 긴 비로 눈을 쓰셨다. 제천 산골에서 산 지 5개월쯤 지났을 무렵이었다. 그날 어머니 모습을 카메라에 담으면서 가슴 벅찬 눈물을 흘렸다. 이제 건강을 찾으시고, 친구들과 만나러 외출하시는 어머닐 보니 뿌듯함이 가슴에 꽉 차오른다. 그리고 비로소 내 집 하나 지을 마음의 여유가 생긴다. 삶의 끈을 놓지 않고 버텨 주신 어머니께 이 시집을 바칠 수 있어 다행이다.

  해설 대신 2년 동안 걸어온 삶을 쓴다. 어려운 문학 비평적 해설이 아니라서 독자들이 시를 이해하는 데에 훨씬 쉽게 다가갈 수 있을 것이다. 몇 편 빼고는 그리 어려운 시도 없다. 쉽게 이해할 수 있도록 쓰려고 노력한 시들이다. 이 작고 초라한 집에 실린 시들 소재는 주로 자연과 어머니, 그리고 사람과 사람 사이의 관계에서 얻은 것이다. 간혹 존재에 관한 철학적 사유도 있는데, 불교 경전을 필사하거나 독서를 하는 과정에서 떠오른 심상을 잡은 것이 많다. 부조리한 사회 문제, 개인과 집단 간 갈등 문제도 평소 내 심상 깊은 곳에 자리 잡고 있다가 숨을 쉴 때마다 튀어나온다. 어려운 이웃도 내 관심 안에 있다. 돌아보면 나보다 어려운 사람이 지천이다. 집단에 묻혀 소외된 이

웃(사람과 동물을 포함한 자연 만물)을 돌볼 물질적 여유는 내게 없지만, 시로써 그들을 위로하고 쓰다듬어 주는 것이 시인의 소명이라고 생각한다.

 우리 인간이 자연 만물에 조금 더 마음 쓰기를 바란다. 물질은 가질수록 더 부족함을 느낀다는 것, 없으면 없는 대로 삶이 풍요로워진다는 것을 척박한 산간벽지에서 일 년 남짓 살며 깨달았다. 오색불빛이 오히려 눈을 헤치고 정신세계를 피폐하게 만든다. 산을 깎고 강을 파헤치고 건물을 높이 올리는 것보다 존재하는 모든 것들과 함께 살아가도록 마음을 쓰는 일이 더 중요하다.

매일 스스로에게 하는 말

태양 가까이 가지 마라
프로메테우스도 이카루스도
불의 희생양이었다
차라리 사막의 마른 살결 헤집으며 애무하는
바람이 되어라

그리하여
바람처럼 잔잔하다가
바람처럼 휘몰아치다가
바람처럼 시원하다가
바람처럼 매몰차다가

모든 것을 제자리에서 행복하게
모든 것을 제자리에서 슬퍼하게
모든 것을 제자리에서 뒤죽박죽 섞이게
모든 것을 제자리에서 흩어지게

그러나 그중에서도 제일은
봄에 이는 따뜻한 바람이 되어라
바람이 일어나는 곳
바람이 향하는 길
거기에 그들이 있고 내가 있으니

                              - 금수산 자락에서
                                  여연 쓰다.

우리詩시인선 073
늦봄 새 가지 끝에
다섯 장 하얀 꽃잎

1판 1쇄 발행 2022년 2월 10일
지은이 여연
발행인 임채우
디자인 방수영
펴낸곳 도서출판 우리詩움
등록번호 제2021-000015호
등록일자 2021년 5월 20일
주소 01003 서울시 강북구 삼양로159길 64-9
전화 02) 997-4293
이메일 urisi4u@hanmail.net
ISBN 979-11-976052-3-9(03810)
값 10,000원

*잘못된 책은 바꾸어 드립니다.
*지은이와 협의하여 인지를 생략합니다.
*이 책의 판권은 지은이와 도서출판 우리詩움에 있습니다.
*이 도서의 국립중앙도서관 서지정보유통지원 시스템 홈페이지(http://seoji.nl.go.kr)와 국가자료공동목록시스템(http://www.nl.go.kr/kolisnet)에서 이용하실 수 있습니다.